NEPAL

GONDROM

Sonderausgabe für den Gondrom Verlag Bindlach, 1987
© 1987 Illustrations: Colour Library Books Ltd.,
    Guildford, Surrey, England.

Printed and bound in Barcelona, Spain by Cronion, S.A.
ISBN 3-8112-0501-3

In dem breiten Tal von Kathmandu liegt außer der gleich-
namigen Hauptstadt *(auf der rechten Seite)* eine Marktszene) auch
der Tempelbezirk von Pashupatinath *(links oben)*. Häufig trifft
man auf Einflüsse aus Tibet, wie beispielsweise in der Stupa von
Bodhnath *(übernächste Seite)*, Indien, zu sehen an Götterbildern
(oben) und Tempeln *(folgende rechte Seite oben)*, aber auch Burma
oder Thailand *(links außen)*.

Zwischen Tibet und Indien gelegen, vereinigt Nepal ein vielfältiges Gemisch von architektonischen Stilen, ethnischen Gruppen und Religionen. So sehen wir beispielsweise *links unten* ein Becken für rituelle Waschungen der Hindus und *rechts unten* buddhistische Stupas. Seit jeher lieben die Nepalesen reich geschmückte Waffen, darunter den berühmten Kukri *(unten Mitte)*.

Der adlerköpfige Khyung *(unten Mitte)* steht Wache am Fluß, in dem die Wasserbüffel baden *(linke Seite)*. Hinduistische Pilger baden im Fluß Bagmati *(oben)*, Buddhisten sehen wir bei einer Prozession um die Stupa von Swayambhunath *(übernächste Seite oben)* oder *(darunter)* bei der Feier von Dalai Lamas Geburtstag.

Manche Tempel erreichen schon die Ausmaße eines kleinen Dorfes, wie beispielsweise der Indreshwar Mahadev Komplex *(linke Seite unten)*, meist stehen sie aber inmitten der Ortschaften *(linke Seite oben)*. Strahlend weiß hebt sich der Machhapuchare *(rechts oben)* vom blauen Himmel ab. Bei den buddhistischen Heiligtümern, oftmals in grandioser Landschaft gelegen *(nächste Seiten)*, kann man Yaks sehen oder auch Cham-Tänzer, die sich unter bunten Gebetsfahnen drehen *(übernächste Seite unten)*.

19

Das Pokhara Tal *(vorhergehende Doppelseite)* liegt zwischen Kathmandu und dem winzigen Königreich von Mustang *(übernächste rechte Seite unten)*, wo der tibetanische Einfluß sehr stark ist. Die Bevölkerungsgruppe der Tharus von Terai *(diese Seite)* zeigt in ihrer Kultur starke indische Einflüsse, burmesische oder thailändische wiederum findet man in dem Bhadgaon Tempel *(übernächste linke Seite)*.

Die Szene *auf der linken Seite* wiederum
könnte irgendwo in Indien aufgenom-
men sein. *Rechts oben* sehen wir nepale-
ische Schulkinder, die drei kleinen
darunter *(mittleres Bild)* sind Tibeter.
Die Schönheit der Mädchen von Nepal
(rechts unten) beruht auf der Ver-
mischung mehrerer Rassen. Gewaltige
Schneegipfel spiegeln sich in einem
Gewässer nahe Pokhara *(nächste
Doppelseite)*.

Im Hintergrund des Bildes *oben links* sehen wir den Mount Everest, *links unten* einen tibetischen Mönch bei einem Tempel, *daneben rechts* einen Haschisch-Raucher. Butterlampen brennen vor dem Bild des Guru Rinpoche *(rechte Seite). Folgende Seiten:* Fahrrad-Rikschas warten vor einem Tempel auf Kunden *(links oben),* tibetische Flüchtlinge beim Teppichweben *(rechts oben).* Die Elefanten dienen dem König ebenso wie den Holzhändlern *(links und rechts unten).*

In Nepal dominiert nach wie vor die Landwirtschaft, und *die Bilder auf diesen beiden Seiten* geben einen Eindruck vom täglichen Leben. Daneben bekommt aber der Tourismus zunehmend mehr Bedeutung. Es kommen sowohl Rucksack-Touristen, die Land und Leute hautnah kennenlernen wollen, als auch Hotelgäste, denen es vorwiegend auf die berühmten Sehenswürdigkeiten ankommt.

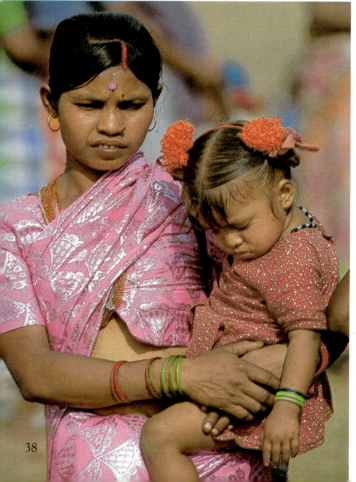

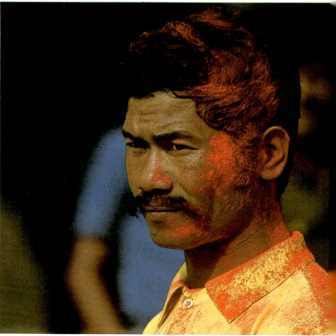

Zu diesen und den folgenden Seiten: In Nepal werden sowohl hinduistische als auch buddhistische Feste gefeiert; während der Holi-Feiern schmückt man sich mit farbigem Puder *(mittleres Bild),* anläßlich von Pilgerfahrten wird in den sogenannten Ghats gebadet *(rechts oben).* Wenn es nicht gerade religiöse Feste zu feiern gibt, werden weltliche Anlässe benutzt, wie beispielsweise beim Besuch der Königin von England. Die häufig noch sehr primitiven Arbeitsmethoden in der Landwirtschaft sind so strapaziös, daß man zum Ausgleich das Bedürfnis hat, sich beim Feiern zu erholen.

Die Krönungsfeierlichkeiten von 1975 *(vorhergehende Seiten)* wurden als besonderer Höhepunkt mit allem Pomp begangen. Die Majestäten *(oben links)* sind Hindus, viele ihrer Untertanen dagegen Buddhisten, großenteils Tibeter *(rechts außen)*. Die Gurkhas *(unten Mitte)* dienten zeitweise auch freiwillig in der britischen Armee. *Das Bild auf der nächsten Doppelseite* zeigt von links nach rechts die Berggipfel Nuptse, Everest und Lhotse.

In Nepal leben viele Tibetaner, die oftmals als Künstler tätig sind; ihre Thangkas (Gemälde) und Rupas (Skulpturen) zeigen Gottheiten und historische Figuren. *Auf den folgenden Seiten* sehen wir Tibeter bei einem Spiel zum Geburtstag des Dalai Lama *(links oben),* die Berge Nuptse und Lhotse *(links unten)* und die Arbeit auf den Reisfeldern *(rechts oben und unten).*

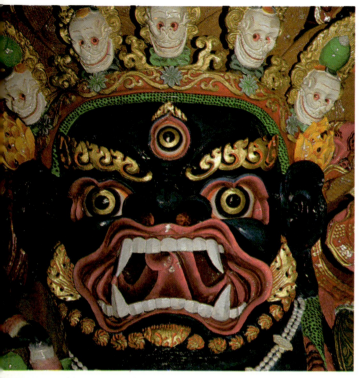

Links oben Reisfelder, *links unten* ein mit Mantras be-
deckter Manistein, daneben ein Yak. *Rechts oben* das
Dorf Thami, nahe der Grenze zu Tibet, *rechts unten* das
tibetanische Kloster Bodhnath. *Folgende Seiten:* Der
Phewa See im Pokhara Tal *(links oben),* die Flüsse
Bagmati *(links unten)* und Tadi *(rechts oben)* und ein
Teich im Kathmandu Tal *(rechts unten).*

Eines der interessantesten Bauwerke in Bhadgaon ist der
Palast von König Yaksha *(oben links)* mit 55 Fenstern und
einem vergoldeten Tor *(rechte Seite)*. Der Donnerkeil Dorje
oder Vajra *(links unten)* gilt als unzerstörbares Symbol
buddhistischer und hinduistischer Gottheiten.
Zu den folgenden Seiten: Das luxuriöse Tiger Top Hotel ist
Ausgangspunkt für Safaris, auf denen man Nashörner,
Hirsche und Tiger beobachten kann.

Das Leben in Nepal ist stark von den Religionen geprägt.
Das hinduistische Bildnis von Budhanilkantha *(oben links)*
wird auch von Buddhisten verehrt. Die Lotosblüte *(links unten)* ist ein Symbol des Buddhismus, und die Musiker *(rechts
unten)* spielen bei einem buddhistischen Fest in Swayambhunath. *Rechts oben* wird nicht nur Betel verkauft, sondern
auch ein hinduistisches Blumenopfer vorbereitet. Das bunte
Kostüm samt Maske *auf der letzten Seite* zeigt Einflüsse
beider Religionen.